# EXPRESSKOCHEN FOR FAMILY

Yummy, Mami

Autorin: Inga Pfannebecker | Fotos: Jana Liebenstein

QUALITÄTS G|U GARANTIE

## DIE GU-QUALITÄTS-GARANTIE

Wir möchten Ihnen mit den Informationen und Anregungen in diesem Buch das Leben erleichtern und Sie inspirieren, Neues auszuprobieren. Bei jedem unserer Bücher achten wir auf Aktualität und stellen höchste Ansprüche an Inhalt, Optik und Ausstattung. Alle Rezepte und Informationen werden von unseren Autoren gewissenhaft erstellt und von unseren Redakteuren sorgfältig ausgewählt und mehrfach geprüft. Deshalb bieten wir Ihnen eine 100 %ige Qualitätsgarantie.

**Darauf können Sie sich verlassen:**
Wir legen Wert darauf, dass unsere Kochbücher zuverlässig und inspirierend zugleich sind.
Wir garantieren:

- dreifach getestete Rezepte
- sicheres Gelingen durch Schritt-für-Schritt-Anleitungen und viele nützliche Tipps
- eine authentische Rezept-Fotografie

**Wir möchten für Sie immer besser werden:**
Sollten wir mit diesem Buch Ihre Erwartungen nicht erfüllen, lassen Sie es uns bitte wissen! Wir tauschen Ihr Buch jederzeit gegen ein gleichwertiges zum gleichen oder ähnlichen Thema um. Nehmen Sie einfach Kontakt zu unserem Leserservice auf. Die Kontaktdaten unseres Leserservice finden Sie am Ende dieses Buches.

GRÄFE UND UNZER VERLAG
*Der erste Ratgeberverlag – seit 1722.*

KV

# INHALT

## TIPPS UND EXTRAS



## 8 SCHNELL, SCHNELLER, AM SCHNELLSTEN

## 24 RATZ-FATZ-FERTIG



## 40 GOURMET-EXPRESS FÜR GROSS UND KLEIN

COVER-REZEPT



Das grüne Blatt bei den Rezepten heißt fleischloser Genuss: Mit diesem Symbol sind alle vegetarischen Gerichte gekennzeichnet.

# KOCHEN FÜR KINDER

**Wer für Kinder ausgewogen kochen will, braucht keine speziellen Kinderlebensmittel. Der Mix macht's, damit Ihr Kind mit allen wichtigen Nährstoffen gut versorgt ist.**

### WAS BRAUCHEN KINDER?

Im Grunde gelten für Kinder die gleichen Ernährungs-Empfehlungen wie für die Großen. Wie sieht so ein optimaler Tag aus? Ideal sind zwei Portionen Obst und drei Portionen Gemüse oder Salat am Tag, am besten bunt gemischt, mal roh und mal gekocht. Die sorgen für jede Menge Vitamine, Mineralien, Bioaktiv- und Ballaststoffe, die wichtig für eine gesunde Entwicklung und starke Abwehrkräfte sind. Bei Getreide, Getreideprodukten und Kartoffeln sind vier Portionen täglich optimal. Sie liefern sattmachende Kohlenhydrate und vor allem in der Vollkornvariante wichtige Ballaststoffe, Vitamine und Mineralien.

### GRUNDBAUSTEIN EIWEISS

Der wichtigste Baustein für die Bildung von Körpermasse ist Eiweiß. Kinder im Wachstum benötigen deshalb ausreichend tierisches und pflanzliches Eiweiß: Milch, Milchprodukte, Fleisch, Fisch, Eier, Sojaprodukte und Hülsenfrüchte enthalten Eiweiß und sind für Kinder bestens geeignet. Da jedes Lebensmittel mit anderen Eiweißbausteinen punktet, am besten öfters abwechseln. Empfehlenswert sind drei Portionen Milch und Milchprodukte und eine Portion Fisch, Fleisch, Ei, Hülsenfrüchte oder Sojaprodukte am Tag.

### GESUNDE FETTWERTE

Eine kleine Menge hochwertiges Fett aus Pflanzenölen, Nüssen, Avocados oder fettreichen Fischen wie Lachs runden den Mix ab. Sparsam sollten Sie bei versteckten tierischen Fetten sein, z. B. aus Wurst oder Fertiggerichten, und bei Zuckerreichem wie Süßigkeiten oder süßen Getränken. Beides tut Kindern auf Dauer nicht gut.

### VIEL TRINKEN

Auch Kinder müssen genug trinken. Nicht vergessen: Je nach Alter sollten es 800 ml bis 1 l kalorienfreie Flüssigkeit wie Wasser oder ungesüßter Kräuter- oder Früchtetee am Tag sein.

**DIE RICHTIGE MENGE**

Nicht nur was, sondern auch wie viel Kinder essen ist ausschlaggebend dafür, ob sie sich gesund entwickeln. Im Alltag ist das Handmaß eine praktische Orientierungshilfe. Bei Gemüse oder Salatblättern darf es pro Portion zwei Kinderhände voll sein. Eine Portion Obst, Nudeln, Reis, Müsli oder Kartoffeln entspricht einer gewölbten Hand voll.
Eine Brotscheibe sollte etwa so groß sein wie die Handfläche. Fleisch, Fisch und dünn geschnittene Wurst- oder Käsescheiben dürfen den Handteller bedecken. Höchstens daumengroße Portionen sollten es dagegen bei Fett wie Butter oder Öl und Süßigkeiten sein.

**ZWEI UND ZWEI**

Nicht verzweifeln, wenn der Appetit bei Ihrem Kind stark schwankt. Während Wachstumsschüben oder wenn sie sich viel bewegt haben, brauchen Kinder viel Energie und hauen richtig rein. Ein paar Wochen später essen sie wie ein Spatz. Bei den Rezepten in diesem Buch wurden die Mengen so berechnet, dass sie für zwei Erwachsene und zwei kleinere Kinder reichen.

**SO SCHMECKT ES KINDERN**

Kinder sind oft sehr konservativ beim Essen – sie mögen am liebsten, was sie schon kennen. Geben Sie trotzdem nicht zu schnell auf: Oft muss ein Kind Neues mehrmals probieren, bevor es ihm schmeckt. Außerdem ändert sich der Geschmack im Laufe der Zeit immer wieder. Vereinbaren Sie deshalb die Grundregel: Alles wird probiert. Wenn es nicht schmeckt, muss es nicht gegessen, aber beim nächsten Mal wieder probiert werden. Wenn Sie gleich beim ersten »Bäh« Alternativen aus dem Hut zaubern, wird es ein Spiel: Dann wartet Ihr Kind schon auf die nächste »Extra-Wurst«.

**MITGEMACHT!**

Eine gute Strategie, wenn Kinder mäkeln: Beziehen Sie sie in die Speiseplanung, den Einkauf und das Kochen mit ein. Das kostet bei kleinen Kindern zunächst oft Zeit und Nerven, zahlt sich auf Dauer aber aus, denn so wecken sie das Interesse an gutem Essen und daran, wie Lebensmittel entstehen. Kleinkinder können z. B. Salatdressing anrühren oder Kräuterblättchen von den Stielen zupfen. Schulkinder helfen gerne beim Abwiegen der Zutaten, beim Schälen und Schneiden und können – unter Aufsicht – auch mal im heißen Topf rühren. Zum Schluss der wichtigste Tipp: Bleiben Sie locker beim Thema Essen. Kinder essen nicht nach Plan, haben nicht jeden Tag gleich viel Appetit und sind an manchen Tagen mäkeliger als an anderen. Achten Sie darauf, dass Ihr Kind über die ganze Woche ausgewogen isst. Dann stimmt der Mix.

# RUCK-ZUCK-FAMILIENKÜCHE

**Nehmen Sie sich einmal in der Woche Zeit, um einen Speiseplan zu machen und gleich für mehrere Tage einzukaufen. Dann bleibt Zeit zum Genießen mit Ihren Lieben.**

**GUTE VORBEREITUNG**
Als Erstes das Rezept gut durchlesen, dann Zutaten abwiegen und Küchengeräte bereitstellen.

**CLEVER ZERKLEINERT**
Je kleiner die Stücke, desto schneller ist Gemüse gar - doch das kostet Zeit. Die Lösung: raspeln. Das geht viel schneller. Und: So lassen sich auch ungeliebte Sorten vor den kleinen Gemüsemuffeln im Gericht verstecken.

**SCHNELL AUFGEKOCHT**
Ebenfalls eine Bremse beim Kochen: Wasser zum Kochen zu bringen. Benutzen Sie ab jetzt den Wasserkocher dafür! Am besten erhitzen Sie gleichzeitig eine Handbreit Wasser in einem Topf, dann kocht das Wasser aus dem Kocher nach dem Umfüllen schneller auf. Und: Immer den Deckel auflegen, das spart Zeit und Energie.

**KLEINE HELFER**
Küchenmaschinen und Blitzhacker zerkleinern alles im Handumdrehen. Mit dem Pürierstab lassen sich Suppen oder Saucen fein pürieren.

**AUF VORRAT ZUBEREITEN**
Es lohnt sich, Suppen, Nudelsaucen und Eintopfgerichte (Currys, Gulasch etc.) gleich in doppelter Menge zuzubereiten: Sie lassen sich prima einfrieren. Salatdressing hält sich im Schraubglas und gekühlt bis zu 5 Tage. Ein guter Tipp für eine fixe Beilage: Reis kochen, portionsweise in Gefrierbeuteln einfrieren und bei Bedarf blitzschnell im heißen Wasserbad auftauen.

**EXPRESS-ZUTATEN**
Im Regal mit den Fertigprodukten finden Sie garfertig zubereitete Grundlebensmittel wie Hülsenfrüchte, Mais, Tomaten, Tomatensauce und Früchte wie z. B. Kirschen. Achten Sie auf die Zutatenliste: Je kürzer, desto besser. Unentbehrliche Zutaten für die schnelle Küche finden Sie an Ort und Stelle:

**IM KÜHLREGAL**
Nudeln, Schupfnudeln, Gnocchi und fertiger Teig (Pizzateig oder fertige Pfannkuchen) sind blitzschnell gar. Fertig geputzter Salat und Baby-Spinat in Tüten spart ebenfalls viel Zeit.

**IN DER GEFRIERTRUHE**
Gemüse, Obst und Kräuter sind tiefgekühlt in sehr guter Qualität erhältlich und ersparen Ihnen das Putzen und Schnippeln.

**IM GETREIDEREGAL**
Couscous, Quinoa, Schnellkoch-Reis, Asia-Nudeln und Polenta sind im Handumdrehen gar.

**IN DER FLEISCH- UND FISCHTHEKE**
Kurze Garzeiten haben die Filetstücke von Geflügel, Fleisch und Fisch. Sie sind zart, flach und schnell gar – perfekt für Ihre Express-Küche.

AYAM
Since 1892
100% NATURAL
EASY OPEN
400g

# SCHNELL, SCHNELLER, AM SCHNELLSTEN

Wetten, dass Sie in rund 20 Minuten ein selbst gekochtes Essen auf den Tisch bringen, das die ganze Familie glücklich macht? Von Suppe über Nudeln bis hin zu Wraps ist für jeden Geschmack das Richtige dabei. Und weil sie so leicht gelingen, macht mit diesen Rezepten das Kochen noch mehr Spaß!

# BLITZ-NUDELN MIT LACHS UND SPINAT

**Wenige Zutaten, wenig Aufwand, aber ganz viel Geschmack! Diese Pasta in cremiger Sauce ist ein echter Alltags-Star – einer, der immer wieder auf den Tisch kommt.**

2 EL Sonnenblumenkerne
250 g Kirschtomaten
150 g geräucherter Lachs
500 g frische Bandnudeln (aus dem Kühlregal)
200 g Baby-Spinat
1 EL Olivenöl
100 g Doppelrahm-Frischkäse mit Knoblauch und Kräutern
Salz | Pfeffer

**Fein auch für Gäste**

Für 4 Portionen | 15 Min. Zubereitung
Pro Portion 575 kcal, 25 g E, 20 g F, 69 g KH

1 Für die Nudeln 2 l Wasser im Wasserkocher aufkochen. Inzwischen in einer großen Pfanne die Sonnenblumenkerne ohne Fett anrösten und herausnehmen. Die Tomaten waschen und halbieren. Den Lachs in schmale Streifen schneiden.

2 Das Wasser in einen Topf umfüllen, Salz zugeben und erneut aufkochen. Die Nudeln einschütten, umrühren und nach Packungsanweisung garen.

3 Während die Nudeln kochen, den Spinat waschen und abtropfen lassen. Das Öl in der Pfanne erhitzen. Den Spinat darin unter Wenden in 2–3 Min. zusammenfallen lassen. 125 ml vom Nudelwasser abnehmen, in eine Schüssel gießen, den Frischkäse unterrühren und unter den Spinat mischen. Die Spinatsauce 2–3 Minuten köcheln lassen und mit Salz und Pfeffer fein abschmecken.

4 Die Nudeln abgießen, abtropfen lassen und unter die Sauce rühren. Tomatenhälften und Lachs untermischen. Nochmal abschmecken, dann anrichten. Die Sonnenblumenkerne zum Bestreuen extra dazu reichen.

TIPP **Statt Lachs können Sie gekochten Schinken in Streifen schneiden und am Ende unter die Nudeln mischen. Ein kleines bisschen mehr Aufwand, aber besonders fein: statt Lachs 400 g küchenfertige Garnelen (ohne Kopf; in Schale) in 1 EL Öl mit etwas Knoblauch anbraten und auf die fertigen Nudeln geben.**

# SÜSSE SCHUPFNUDELN MIT BEEREN-SAUCE

**Die dünnen Röllchen aus Kartoffelteig werden beim Braten leicht karamellisiert und mit einem fruchtigen Begleiter und knackigen Nüssen zum sättigenden Hochgenuss.**

400 ml roter Frucht-Smoothie (z. B. Brombeere, Erdbeere, Johannisbeere)
1 TL Speisestärke
300 g TK-Beerenmischung
4 EL Mandelblättchen
2 EL Rapsöl
500 g Schupfnudeln (aus dem Kühlregal)
1 TL Puderzucker
1 Pck. Vanillezucker

**Für Naschkatzen**

Für 4 Portionen | 15 Min. Zubereitung
Pro Portion 420 kcal, 9 g E, 15 g F, 63 g KH

1 50 ml Smoothie in eine kleine Schüssel geben und mit der Stärke glatt rühren. Restlichen Smoothie in einen Topf geben und aufkochen. Angerührte Stärke einrühren, erneut aufkochen und 1–2 Minuten köcheln lassen, bis die Sauce andickt. Die TK-Beeren zugeben, erneut aufkochen, dann vom Herd nehmen und zugedeckt ziehen lassen.

2 Inzwischen die Mandelblättchen in einer beschichteten Pfanne ohne Fett anrösten, bis sie duften und herausnehmen.

3 Das Öl in der Pfanne erhitzen und die Schupfnudeln darin unter Wenden 5–6 Minuten goldbraun braten. Puder- und Vanillezucker mischen und zum Schluss gleichmäßig über die Schupfnudeln streuen. Unter Wenden kurz bräunen lassen. Die Schupfnudeln mit der Beerensauce anrichten und großzügig mit den Mandelblättchen bestreuen.

TIPP **Statt der Schupfnudeln können Sie auch Gnocchi oder Spätzle aus dem Kühlregal für das Rezept verwenden. Für eine leicht exotische Variante die Fruchtsauce mit einem gelben Smoothie zubereiten und gefrorene Mangostücke zugeben. Statt der Mandeln Kokoschips oder Kokosraspel über das fertige Gericht streuen.**

## STRAMMER AVOCADO-MAX

1 reife Avocado | Salz | Pfeffer | ½ Zitrone | 1 EL Rapsöl | 4 Eier | 4 Scheiben Bauernbrot | 4 Scheiben magerer Kochschinken

### Schnelle Schnitte

Für 4 Portionen | 15 Min. Zubereitung
Pro Portion 390 kcal, 19 g E, 23 g F, 26 g KH

1 Die Avocado halbieren, den Stein entfernen und das Fruchtfleisch aus der Schale lösen. Mit einer Gabel etwas zerdrücken und mit Salz, Pfeffer und etwas Zitronensaft würzen. Das Öl in einer beschichteten Pfanne erhitzen.

2 Spiegeleier braten, salzen und pfeffern. Nach Belieben die Eier von beiden Seiten braten. Die Brote toasten. Das Avocadofruchtfleisch auf die Brote streichen. Mit je einer Scheibe Schinken und einem Spiegelei belegen.

## FRUCHTIGE CHICKEN-WRAPS

1 Möhre (ca. 120 g) | 8 Radieschen (ca. 100 g) | 4 Tortilla-Wraps (ca. 25 cm ∅) | 120 g Doppelrahm-Frischkäse | 2 EL mildes Mango-Chutney | Salz | Pfeffer | 100 g Hähnchenbrust-Aufschnitt (in dünnen Scheiben)

### Gut für unterwegs

Für 4 Portionen | 15 Min. Zubereitung
Pro Portion 280 kcal, 12 g E, 10 g F, 37 g KH

1 Die Möhre putzen, schälen und grob raspeln. Die Radieschen waschen, putzen und in dünne Scheiben hobeln.

2 Wraps einzeln in einer Pfanne ohne Fett auf jeder Seite für ca. 1 Min. erwärmen, herausnehmen.

3 Den Frischkäse mit Mango-Chuntey und den Möhrenraspeln glatt rühren, salzen und pfeffern. Gleichmäßig auf die Tortilla-Wraps streichen. Mit Hähnchenaufschnitt und Radieschenscheiben belegen. Fest aufrollen, die Rollen halbieren.

## TOMATEN-KICHERERBSEN-SUPPE

1 Zwiebel | 1 EL Olivenöl | 1 EL Tomatenmark | 1 l Tomatensaft | 200 ml Orangensaft | Salz | Pfeffer | ½ TL Zucker | 1 TL getrockneter Oregano (ersatzweise Basilikum) | 2 Dosen Kichererbsen (à 240 g Abtropfgewicht)

**Veganes zum Löffeln**

Für 4 Portionen | 15 Min. Zubereitung
Pro Portion 180 kcal, 8 g E, 4 g F, 25 g KH

**1** Die Zwiebel schälen und würfeln. Das Öl in einem Topf erhitzen und die Zwiebel darin andünsten. Das Tomatenmark einrühren und kurz anrösten. Tomaten- und Orangensaft zugießen, mit Salz, Pfeffer, Zucker und Oregano abschmecken und aufkochen. Alles ca. 5 Minuten sprudelnd kochen lassen.

**2** Die Kichererbsen abgießen, abtropfen lassen und zur Suppe geben. Die Suppe weitere 3–4 Minuten köcheln lassen. Nochmal abschmecken und servieren. Dazu schmecken Vollkorn-Grissini.

## CREMIGE ERBSEN-KOKOS-SUPPE

1 Zwiebel | 500 g TK-Erbsen | 2 Gemüsebrühwürfel (für je 500 ml Wasser) | 2 Salatherzen (à ca. 150 g) | 250 ml Kokosmilch | Salz | Pfeffer | Zitronensaft

**Feines Süppchen**

Für 4 Portionen | 15 Min. Zubereitung
Pro Portion 250 kcal, 12 g E, 13 g F, 19 g KH

**1** 1 l Wasser im Wasserkocher zum Kochen bringen. Inzwischen die Zwiebel schälen und würfeln. Die Erbsen in einen Topf geben, das kochende Wasser darübergießen, die Gemüsebrühwürfel zugeben. Zum Kochen bringen und ca. 5 Min. sprudelnd kochen lassen.

**2** Inzwischen den Salat putzen, waschen und in breite Streifen schneiden. 1–2 Min. vor Ende der Kochzeit zur Suppe geben.

**3** Den Topf vom Herd nehmen. Die Kokosmilch zugießen und alles fein pürieren. Die Suppe mit Salz, Pfeffer und einem Spritzer Zitronensaft abschmecken. Dazu passen Reis-Cracker sehr gut.

# ASIA-NUDELPFANNE MIT TOFU

**So machen Sie nicht nur dem China-Imbiss um die Ecke Konkurrenz. Sie überzeugen auch alle, die sonst keinen Tofu mögen. Denn hier wird er beim Braten herrlich knusprig.**

3 EL Rapsöl
500 g Asia-Gemüsemix
2 leicht gehäufte EL Speisestärke
Salz | Pfeffer
400 g Tofu natur
200 g Mie-Nudeln (asiatische Weizennudeln)
6 EL süßsaure Chilisauce
4 EL Sojasauce
2 EL Limettensaft

**Veganes aus Fernost**

Für 4 Portionen | 20 Min. Zubereitung
Pro Portion 695 kcal, 22 g E, 16 g F, 66 g KH

1 1 EL Öl in einer großen Pfanne erhitzen. Das Gemüse dazugeben und nach Packungsanweisung erhitzen.

2 Inzwischen für den Knuspertofu die Stärke mit etwas Salz und Pfeffer in einem großen Gefrierbeutel mischen. Den Tofu in ca. 1 cm große Würfel schneiden, in den Beutel geben und so lange schütteln, bis die Tofuwürfel gänzlich mit der Stärke überzogen sind. 2 EL Öl in einer zweiten Pfanne erhitzen. Tofu darin unter mehrmaligem Wenden ca. 5 Min. braten, bis er goldbraun und knusprig ist.

3 Während der Tofu brät, nach dem Gemüse sehen und eventuell Wasser zugießen. Die Mie-Nudeln in eine Schüssel geben. Mit heißem Wasser aus dem Wasserkocher begießen und ca. 4 Min. ziehen lassen. Nudeln mit einer Gabel auflockern, abgießen und abtropfen lassen.

4 Chilisauce, Sojasauce und Limettensaft verrühren und zum Gemüse gießen. Die Nudeln untermischen. Die Nudelpfanne eventuell noch mit Salz und Pfeffer abschmecken und den Tofu darauf verteilen.

TIPP **Ersetzen Sie den Tofu durch 400 g Hähnchenfilet: In schmale Streifen schneiden, mit der Stärke mischen und anbraten. Oder Sie verwenden 400 g küchenfertige Garnelen (ohne Kopf; in Schale) – dabei die Stärke weglassen.**

CHILLI

# PIZZADILLAS

1 Glas geröstete Paprika (185 g Abtropfgewicht) | 200 g Kirschtomaten | 3 EL Tomatenmark | Salz | Pfeffer | ½ TL getrockneter Oregano | 8 Tortillas (à 25 cm ∅) | 100 g Salami in Scheiben | 30 g grüne Oliven ohne Füllung in Ringen | 150 g geraspelter Käse

**Schneller als der Pizza-Blitz**

Für 4 Portionen | 25 Min. Zubereitung
Pro Portion 520 kcal, 24 g E, 17 g F, 65 g KH

1 Paprika im Sieb abtropfen lassen. Inzwischen Tomaten waschen und vierteln. Tomatenmark, Salz, Pfeffer und Oregano verrühren, Tomaten unterheben und 1 Viertel davon auf 1 Tortilla-Wrap streichen. Mit je 1 Viertel Salami, Paprika, Oliven und Käse belegen, mit einer Tortilla bedecken.

2 Pizzadilla in eine Pfanne legen, mit einem Topf beschweren. 2–3 Min. bei mittlerer Hitze backen. Wenden, beschweren und weitere 1–2 Min. backen. Inzwischen die nächste Pizzadilla vorbereiten. Alle vier Pizzadillas so vorbereiten, backen und dann in Viertel schneiden.

# HERZHAFTE FARMER-SUPPE

500 g Kartoffeln | 3 Lauchzwiebeln | 1 Dose Mais (285 g Abtropfgewicht) | 2 EL Rapsöl | 600 ml Gemüsebrühe | 100 g Schlagsahne | 4 Scheiben Parmaschinken (à ca. 15 g) | Salz | Pfeffer | frisch geriebene Muskatnuss

**Seelenwärmer**

Für 4 Portionen | 20 Min. Zubereitung
Pro Portion 320 kcal, 9 g E, 17 g F, 30 g KH

1 Kartoffeln schälen, waschen und grob raspeln. Lauchzwiebeln putzen, waschen, klein schneiden; weiße und grüne Ringe trennen. Mais abgießen.

2 Öl in einem Topf erhitzen, Kartoffeln und weiße Lauchringe andünsten. Mais zugeben. Brühe und Sahne angießen, zugedeckt aufkochen lassen und ca. 10 Min. köcheln. Schinken in Streifen schneiden. In einer beschichteten Pfanne ohne Fett unter Wenden knusprig anbraten.

3 Suppe fein pürieren, abschmecken. Mit grünen Zwiebelringen und Schinken servieren.

# FISCHSTÄBCHEN-BURGER

12 Fischstäbchen mit Vollkorn-Panade (360 g) | 2–3 EL Mayonnaise | 4–5 EL Joghurt | Salz | Pfeffer | ½ Apfel | 1 Römersalatherz (ca. 150 g) | ¼ Salatgurke | 4 Vollkorn-Brötchen

**Für kleine und große Kapitäne**

Für 4 Portionen | 20 Min. Zubereitung
435 kcal, 19 g E, 15 g F, 50 g KH

**1** Backofen auf 220° vorheizen. Fischstäbchen auf ein mit Backpapier belegtes Blech legen und 15–17 Min. backen. Nach ca. 10 Min. wenden.

**2** Inzwischen die Mayonnaise und den Joghurt cremig rühren, salzen und pfeffern. Apfel waschen, entkernen und zur Creme raspeln. Salat waschen, trocken schütteln und in Blätter teilen. Gurke in dünne Scheiben schneiden.

**3** Brötchen aufschneiden. Unterteile mit Salat, je 3 Fischstäbchen und Gurkenscheiben belegen. Sauce darauf klecksen. Brötchenoberteile auflegen. Restliche Sauce extra dazu reichen.

# SÜSSER COUSCOUS

200 ml Milch | 1 Pck. Vanillezucker | 250 g Vollkorn-Couscous | 2 Bananen | 200 g Blaubeeren | 250 g Vanillequark | 4 TL Honig | Zimt

**Fruchtiger Sattmacher**

Für 4 Portionen | 20 Min. Zubereitung
Pro Portion 465 kcal, 15 g E, 7 g F, 84 g KH

**1** Die Milch mit 200 ml Wasser und dem Vanillezucker in einem Topf aufkochen. Den Couscous einrühren, aufkochen und vom Herd ziehen. Zugedeckt ca. 5 Min. ziehen lassen.

**2** Inzwischen die Bananen schälen und in Scheiben schneiden. Die Beeren waschen, abtropfen lassen und verlesen.

**3** Den fertigen Couscous mit einer Gabel auflockern und auf 4 tiefe Teller oder Schälchen verteilen. Jede Portion mit einem Klacks Quark, den Bananenscheiben und Beeren garnieren. Mit je 1 TL Honig beträufeln und mit etwas Zimt bestäuben. Den übrigen Quark extra dazu servieren.

# SPAGHETTINI MIT THUNFISCHBÄLLCHEN

**Statt wie üblich aus Hack werden die Bällchen zum Nudel-Liebling in feiner Tomatensauce hier mal mit Thunfisch zubereitet. So liefern sie gesünderes Fett.**

1 Zwiebel
4 EL Olivenöl
2 Dosen stückige Tomaten (à 400 g)
Salz | Pfeffer
1 Prise Zucker
1 TL getrocknete italienische Kräuter
350 g Spaghettini

**Für die Fischbällchen:**
2 Dosen Thunfisch im eigenen Saft (à 135 g Abtropfgewicht)
2 EL gehackte TK-Petersilie
1 Ei (M)
75 g Vollkorn-Semmelbrösel

**Klassiker auf neue Art**

Für 4 Portionen | 20 Min. Zubereitung
Pro Portion 540 kcal, 32 g E, 8 g F, 82 g KH

**1** Für die Nudeln 2 l Wasser im Wasserkocher zum Kochen bringen. Inzwischen für die Sauce die Zwiebel schälen und fein würfeln. 1 EL Öl in einem weiten Topf erhitzen und die Zwiebelwürfel darin andünsten. Die Tomaten zugeben, aufkochen, mit Salz, Pfeffer, Zucker und Kräutern würzen und bei starker Hitze ca. 10 Min. einkochen lassen.

**2** Das kochende Wasser in einen Topf umfüllen, Salz zugeben, erneut aufkochen und die Spaghettini darin nach Packungsanweisung garen. Für die Fischbällchen den Thunfisch abgießen und gut abtropfen lassen. Mit Petersilie, Ei und Semmelbröseln in eine Schüssel geben, mit ½ TL Salz und etwas Pfeffer würzen und mit den Händen zu einer formbaren Masse verkneten.

**3** 3 EL Öl in einer großen Pfanne erhitzen. Aus der Masse ca. 12 tischtennisballgroße Bällchen formen und ins heiße Öl geben. Bei nicht zu starker Hitze unter Wenden rundum in 6–8 Min. goldbraun anbraten. Auf Küchenpapier abtropfen lassen.

**4** Tomatensauce abschmecken. Nudeln abgießen, abtropfen lassen und unter die Sauce mischen. Die Nudeln in tiefen Tellern anrichten und die Thunfischbällchen darauf verteilen.

# BLITZGULASCH MIT GRÜNEN BOHNEN

**500 g Schweinefilet | 1 Zwiebel | 1 EL Rapsöl | 1 EL Mehl | 1 EL Tomatenmark | 2 TL edelsüßes Paprikapulver | 1 Dose stückige Tomaten (400 g) | 400 g TK-Prinzessbohnen in Stücken | 600 g frische Bandnudeln (aus dem Kühlregal) | Salz | Pfeffer | ½ TL getrockneter Oregano | ½ TL getrockneter Thymian | 4 EL Schmand**

**Herzhafter Liebling**

Für 4 Portionen | 25 Min. Zubereitung
Pro Portion 490 kcal, 40 g E, 13 g F, 57 g KH

1 Das Fleisch in ca. 2 cm große Würfel schneiden. Die Zwiebel schälen und fein würfeln. Das Öl in einem Topf erhitzen. Das Fleisch darin rundherum kräftig anbraten. Die Zwiebelwürfel zugeben und kurz mitbraten. Alles mit Mehl bestäuben, unter Rühren kurz anschwitzen. Das Tomatenmark rasch unterrühren. Das Paprikapulver einstreuen. Die Tomaten und 150 ml Wasser zugießen und aufkochen. Die gefrorenen Bohnen zugeben und zugedeckt ca. 10 Min. köcheln lassen. Dabei ab und zu umrühren.

2 Inzwischen für die Nudeln 2 l Wasser im Wasserkocher erhitzen. In einen Topf umfüllen, Salz zugeben und erneut aufkochen. Nudeln darin nach Packungsanweisung garen.

3 Das Gulasch mit Salz, Pfeffer, Oregano und Thymian abschmecken. Die Nudeln abgießen und auf die Teller verteilen. Gulasch darauf anrichten, dabei je 1 EL Schmand aufs Gulasch geben.

# GEMÜSESUPPE MIT ÜBERRASCHUNG

**1,25 l Gemüsebrühe | 450 g TK-Suppengemüse | 50 g Parmesan | 40 g Weichweizengrieß | 1 Ei (M) | 2 EL gehackte TK-Petersilie | 4 Wiener Würstchen (à ca. 100 g)**

**Schnell was Warmes**

Für 4 Portionen | 25 Min. Zubereitung
Pro Portion 450 kcal, 19 g E, 34 g F, 12 g KH

**1** Die Gemüsebrühe und das Gemüse in einen weiten Topf geben. Deckel auflegen und zugedeckt zum Kochen bringen.

**2** Inzwischen den Parmesan fein reiben. Mit Grieß, Ei und Petersilie in eine Schüssel geben und mit dem Schneebesen zu einer glatten Masse verrühren. Die Würstchen in schmale Scheiben schneiden. Dann sind sie schneller warm.

**3** Sobald die Brühe kocht, das Gemüse bei starker Hitze offen ca. 5 Minuten kochen. Dann die Hitze zurückschalten. Von der Grießmasse mit einem Teelöffel kleine Stücke abstechen und direkt in die Suppe gleiten lassen. Bei kleiner Hitze ca. 5 Minuten gar ziehen lassen. Nach ca. 3 Min. die Würstchenscheiben zugeben und in der Suppe erwärmen. Suppe sofort servieren.

## TIPP

**Wer die Gemüsesuppe lieber in der vegetarischen Variante ohne Fleischeinlage isst, lässt die Würstchen weg und verdoppelt die Mengen für die Grießklößchen.**

Dream
yacht

# RATZ-FATZ-FERTIG

Kaum zu glauben, aber wahr: Weder für knusprig gratinierte Makkaroni noch für herrlich zarten Lachs brauchen Sie länger als ein knappes halbes Stündchen: Alle Rezepte in diesem Kapitel sind so clever kombiniert, dass Sie gutes Essen schneller auf dem Tisch haben, als der Lieferservice eine Pizza bringt!

# MAKKARONI-KÜRBIS-GRATIN

**Geben Sie diesen Nudeln mit leicht nussigem Kürbis und cremiger Käsesauce im Ofen noch schnell ein knuspriges Häubchen. Dann kann es auch schon losgehen mit dem Essen.**

½ Hokkaido-Kürbis (500 g)
250 g kurze Makkaroni
200 g Schmand
200 ml Buttermilch
125 g geriebener Emmentaler
Salz | Pfeffer
Muskatnuss
25 g Walnusskerne
35 g Panko (asiat. Semmelbrösel; ersatzweise Semmelbrösel)
1 TL getrockneter Thymian

Ofen-Hit

Für 4 Portionen | 25 Min. Zubereitung
Pro Portion 590 kcal, 23 g E, 28 g F, 61 g KH

1 2 l Wasser in einem Wasserkocher aufkochen. Inzwischen den Kürbis waschen, teilen und die Kerne entfernen. Das Kürbisfleisch auf einer Küchenreibe oder in der Küchenmaschine grob raspeln. Das Wasser in einen Topf umfüllen, Salz zugeben und erneut aufkochen. Die Nudeln ins Wasser geben und nach Packungsanweisung garen.

2 Den Backofengrill auf 240° vorheizen. Den Schmand mit der Buttermilch in einem Topf glatt rühren und vorsichtig erwärmen, aber nicht kochen. 90 g Käse unterrühren und in der Sauce schmelzen lassen. Sauce mit Salz, Pfeffer und Muskat sehr kräftig abschmecken. Walnusskerne grob hacken. Restlichen Käse mit Nüssen, Panko und Thymian mischen.

3 Die Nudeln abgießen, mit den Kürbisraspeln und der Sauce in eine weite Auflaufform geben und alles gut vermischen. Käse-Nuss-Brösel darüberstreuen. Unter dem heißen Grill 3–4 Min. grillen, bis die Oberfläche goldbraun ist. Sofort servieren.

## TIPP

**Statt Hokkaido- können Sie auch Butternusskürbis verwenden. Diesen müssen Sie allerdings vor dem Raspeln noch schälen. Außerhalb der Kürbissaison können Sie auch Möhren für das Gratin verwenden.**

# KICHERERBSEN-PUFFER MIT FETA

2 Dosen Kichererbsen (à 240 g Abtropfgewicht) | 100 g Mehl | 2 TL Backpulver | 4 Eier | Salz | Pfeffer | 150 g Feta | 2–3 EL Rapsöl | 1 Brokkoli (ca. 500 g) | 1 EL Butter | 1 Becher Zaziki (200 g)

**Gelingt ganz leicht**

Für 4 Portionen | 25 Min. Zubereitung
Pro Portion 415 kcal, 19 g E, 21 g F, 37 g KH

1 Die Kichererbsen abgießen und zum Abtropfen beiseitestellen. Das Mehl mit dem Backpulver in einer Rührschüssel mischen. Die Eier dazugeben und alles mit einem Rührbesen zu einem glatten Teig verrühren. Mit 1 TL Salz und Pfeffer würzen. Den Feta in kleine Würfel schneiden. Den Feta und die Kichererbsen unter den Teig mischen und alles mit dem Pürierstab nur grob pürieren, sodass noch kleine Stücke zu sehen sind.

2 In zwei großen beschichteten Pfannen je ca. 1 EL Öl erhitzen. Darin portionsweise ca. 12 Puffer backen: Dazu pro Puffer 1 gehäuften EL Teig in die Pfanne geben, flach streichen und pro Seite 3–4 Min. goldbraun braten. Auf Küchenpapier abtropfen lassen.

3 Während die Puffer braten, den Brokkoli waschen, putzen und in Röschen teilen. Auf einem Dämpfeinsatz in einem Topf mit wenig Wasser zugedeckt 6–7 Min. dämpfen. 1 EL Butter zerlassen, dann salzen. Puffer mit Zaziki und Brokkoli anrichten. Brokkoli mit der Butter beträufeln.

## TIPP

**Möchten Sie TK-Brokkoli verwenden, dann lassen Sie ihn auftauen, bevor Sie mit dem Kochen beginnen. Anschließend den Brokkoli dämpfen, wie im Rezept beschrieben.**

# ONE-POT-PARMESAN-PASTA

1 Knoblauchzehe | 2 Knollen Fenchel | 1 EL Olivenöl | 500 ml Milch | 375 ml Gemüsebrühe | Salz | Pfeffer | 350 g Bandnudeln | 50 g Parmesan | 2 EL gehackte TK-Petersilie

**Einfacher geht's nicht**

Für 4 Portionen | 25 Min. Zubereitung
Pro Portion 475 kcal, 19 g E, 12 g F, 71 g KH

**1** Die Knoblauchzehe schälen und fein würfeln. Fenchel halbieren, oben das Grün und unten den harten Strunk entfernen, waschen, trocken tupfen. Jede Hälfte nochmals teilen und quer in dünne Scheibchen schneiden.

**2** Das Öl in einem großen, hohen Topf erhitzen. Den Fenchel darin unter Wenden 3–4 Min. andünsten. Den Knoblauch zugeben und kurz mitdünsten. Die Milch und die Brühe zugießen, salzen, pfeffern und aufkochen. Die Nudeln zugeben, alles umrühren und 15–18 Min. köcheln lassen. Dabei am Anfang und gegen Ende der Garzeit oft umrühren, damit die Nudeln nicht ansetzen.

**3** Inzwischen den Parmesan fein reiben. Nudeltopf vom Herd nehmen, Parmesan unterrühren und zugedeckt ca. 2 Min. ziehen lassen. Nudeln noch einmal durchrühren und abschmecken. Mit Petersilie bestreut servieren.

## TIPP

**Wenn Sie vergessen haben, die Gemüsebrühe vorzubereiten, streuen Sie einfach noch schnell 3 TL gekörnte Gemüsebrühe in die Milch und gießen alles mit 375 ml Wasser auf.**

# NUDEL-RISOTTO MIT HÄHNCHENFILET

**Sie sehen aus wie Reis, sind aber Nudeln und eignen sich prima für ein unkompliziertes Eintopfgericht, das auch kleine Kinder schon gut alleine löffeln können.**

1 Dose Gemüsemais (285 g Abtropfgewicht)
1 Stange Lauch
400 g Hähnchenbrustfilets
2 EL Olivenöl
300 g Risoni (Mini-Nudeln in Reisform; auch Kritharaki oder Orzo genannt)
1 TL getrockneter Thymian
1 l Hühnerbrühe
50 g Parmesan
Salz | Pfeffer

**Macht glücklich**

Für 4 Portionen | 25 Min. Zubereitung
Pro Portion 595 kcal, 40 g E, 16 g F, 71 g KH

**1** Den Mais abgießen und abtropfen lassen. Den Lauch putzen, waschen, längs halbieren und in feine Scheiben schneiden. Das Fleisch in ca. 2 cm große Stücke schneiden.

**2** Das Öl in einem großen Topf erhitzen. Das Fleisch darin von allen Seiten ca. 5 Min. anbraten. Den Lauch zugeben und unter Wenden ca. 5 Min. weiterbraten. Die Risoni, den Mais und den Thymian zugeben und die Brühe angießen. Alles aufkochen und die Risoni nach Packungsanweisung garen, dabei öfter umrühren.

**3** Inzwischen den Parmesan fein reiben. Wenn der Nudel-Risotto gar ist, ⅔ des Parmesans gut unterrühren. Risotto mit Salz und Pfeffer würzig abschmecken. Den übrigen Parmesan zum Bestreuen extra dazu reichen.

## TIPP

**Dieser so fix zubereitete Risotto ist ein echter Küchen-Joker mit vielen Einsatzmöglichkeiten. Er passt, ohne Fleischzugabe, gut zu anderen Fleischgerichten wie Steaks oder Bratwürstchen und ist selbst zu Fischfilet eine leckere Beilage.**

# SPINAT-RICOTTA-CRESPELLE

**Diese gefüllten und überbackenen Glücksrollen schmecken so gut, dass sich sogar Nichtvegetarier auf den Veggie-Day freuen.**

1 Zwiebel
1 Knoblauchzehe
100 g Baby-Spinat
1 EL Olivenöl
50 g Parmesan
250 g Ricotta
Salz | Pfeffer
Muskat
1 Glas Tomatensauce (400 g)
10 Pfannkuchen (600 g; aus dem Kühlregal)

**Italo-Klassiker molto presto**

Für 4 Portionen | 25 Min. Zubereitung | 12 Min. Backen
Pro Portion 535 kcal, 22 g E, 25 g F, 57 g KH

1 Den Backofen auf 225° vorheizen. Die Zwiebel und den Knoblauch schälen und fein würfeln. Den Spinat waschen und abtropfen lassen. Das Öl in einer Pfanne erhitzen. Zwiebel und Knoblauch darin andünsten. Spinat zugeben und in 1–2 Min. zusammenfallen lassen (Bild 1), kurz abkühlen lassen.

2 Parmesan fein reiben. Ricotta mit Parmesan glatt rühren. Spinat unterrühren. Mit Salz, Pfeffer und Muskat abschmecken.

3 Etwa ⅔ der Tomatensauce in einer weiten Auflaufform verteilen. Die Füllung auf die Pfannkuchen verteilen (Bild 2). Pfannkuchen aufrollen und auf die Tomatensauce legen. Restliche Tomatensauce darüberklecksen (Bild 3). Im vorgeheizten Ofen 10–12 Min. backen. Die letzten 2–3 Min. zusätzlich den Backofengrill einschalten. Sofort servieren.

## TIPP

**So richtig herzhaft und deftig werden die Crespelle, wenn Sie noch 100 g Schinkenspeckwürfel in die Füllung mischen. Dazu die Würfelchen in einer nicht zu heißen Pfanne auslassen. Zwiebel, Knoblauch und Spinat im Bratfett andünsten und alles mit der Ricotta-Creme glatt rühren.**

1

2

3

# MAISFRITTER MIT ERBSEN-GUACAMOLE

**1 Dose Mais (285 g Abtropfgewicht) | 3 Frühlingszwiebeln | 3 Eier | 1 Spritzer + 2 EL Zitronensaft | 120 ml Mineralwasser | 150 g Mehl | ½ TL Salz | Pfeffer | 1 Msp. Backpulver | 200 g TK-Erbsen | 3 EL Rapsöl | 2 reife Avocado**

**Der Dip macht´s**

Für 4 Portionen | 25 Min. Zubereitung
Pro Portion 600 kcal, 16 g E, 40 g F, 45 g KH

**1** Den Mais abgießen und zum Abtropfen beiseitestellen. Für die Maisfritter die Frühlingszwiebeln putzen, waschen und in Ringe schneiden.

**2** Die Eier trennen. Die Eiweiße mit einem Spritzer Zitronensaft steif schlagen. Die Eigelbe mit dem Mineralwasser verquirlen. Das Mehl mit Salz, Pfeffer und Backpulver sehr gut unterrühren. Zum Schluss den Mais einrühren.

**3** Für die Guacamole die Erbsen mit kochendem Wasser aus dem Wasserkocher übergießen und ca. 5 Min. ziehen lassen. Inzwischen etwas Öl in einer beschichten großen Pfanne erhitzen und die ersten 3–4 Fritter braten. Dazu für jeden Fritter 1 gehäuften EL Teig in die Pfanne geben, flach streichen und pro Seite 2–3 Min. braten.

**4** Fertige Fritter auf einen mit Küchenpapier ausgelegten Teller legen. Die restlichen Fritter ebenso zubereiten.

**5** Während die Fritter braten, die Erbsen abgießen. Die Avocados halbieren, Kerne entfernen und das Fruchtfleisch aus der Schale lösen. Erbsen, Avocado und 2 EL Zitronensaft fein pürieren. Mit Salz abschmecken. Zu den Frittern servieren. Dazu schmeckt ein Tomatensalat.

# ORANGEN-GRIESS MIT APFELKOMPOTT

**750 g Äpfel (z. B. Elstar) | 50 g getrocknete Cranberrys | Saft von ½ Zitrone | ½ TL Zimt | 500 ml Orangensaft | 1 Pck. Vanillezucker | 100 g Dinkelgrieß | 250 g griechischer Joghurt | 10 g Zartbitter-Schokolade zum Verzieren**

**Aromen toll kombiniert**

Für 4 Portionen | 25 Min. Zubereitung
Pro Portion 330 kcal, 7 g E, 9 g F, 56 g KH

**1** Die Äpfel schälen, vierteln, entkernen und klein schneiden. Mit den Cranberrys, dem Zitronensaft, dem Zimt und 100 ml Wasser in einen Topf geben. Zugedeckt aufkochen und bei kleiner Hitze ca. 5 Min. köcheln lassen. Die letzten ca. 2 Min. den Deckel abnehmen.

**2** Inzwischen den Orangensaft mit dem Vanillezucker aufkochen. Den Grieß unter Rühren einstreuen, aufkochen und ca. 1 Min. unter Rühren quellen lassen. Den kochenden Grießbrei vom Herd nehmen, in eine Schüssel füllen und etwas abkühlen lassen.

**3** Den Joghurt löffelweise unter den Grieß heben. Orangen-Grieß und Apfelkompott in tiefen Tellern anrichten oder im Wechsel in große Dessertschalen oder -gläser schichten. Von der Schokolade mit einem Sparschäler direkt über den Tellern oder Gläsern kleine Locken abziehen.

## TIPP

**Gut schmeckt auch kalter Orangen-Grieß. Als Nachtisch in Dessertschälchen gefüllt, reicht die angegebene Menge für 6–8 Portionen.**

# ZITRONEN-LACHS MIT ERBSENSTAMPF

**Im Papier gegart, bleibt der Lachs herrlich saftig und aromatisch. Und natürlich sieht er im Überraschungspäckchen auch gleich viel spannender aus.**

**Für den Lachs:**
½ Bund Thymian
1 große Bio-Zitrone
4 Stücke Lachsfilet (à ca. 125 g; nicht zu dick)
Salz | Pfeffer
4 TL Olivenöl
**Für das Püree:**
1 Zwiebel
1 EL Olivenöl
450 g TK-Erbsen
1 Dose weiße Bohnen (250 g Abtropfgewicht)
100 g Milch
1–2 TL Zitronensaft
Salz
**Außerdem:**
2 TL Sesam

**Überraschung aus dem Ofen**

Für 4 Portionen | 25 Min. Zubereitung | 20 Min. Backen
Pro Portion 485 kcal, 35 g E, 31 g F, 16 g KH

1 Den Backofen auf 200° vorheizen. 4 Bögen Back- oder Pergamentpapier auf der Arbeitsfläche ausbreiten. Den Thymian waschen und trocken schütteln. Auf die Papierbögen verteilen. Die Zitrone waschen, trocken tupfen und in 8 sehr dünne Scheiben schneiden. Je 1 Scheibe auf den Thymian legen. Lachsfilets daraufsetzen, salzen, pfeffern und mit je 1 Zitronenscheibe belegen. Über jede Lachsschnitte noch 1 TL Öl träufeln. Für die Päckchen das Papier über dem Lachs zusammennehmen und nach unten falten. Papierenden zusammendrehen, damit die Päckchen verschlossen sind. Im heißen Ofen (Mitte) ca. 20 Min. backen.

2 Inzwischen für das Püree die Zwiebel schälen und würfeln. Das Öl erhitzen und die Zwiebel darin andünsten. Die gefrorenen Erbsen und 100 ml Wasser zugeben und zugedeckt ca. 5 Min. dünsten, bis die Erbsen aufgetaut sind. Die Bohnen abgießen, abtropfen lassen und zu den Erbsen geben. Weitere 2–3 Min. leise köcheln lassen.

3 Inzwischen den Sesam in einer Pfanne ohne Fett anrösten, herausnehmen. Erbsen vom Herd ziehen. Milch und Zitronensaft zugeben und fein pürieren. Mit Salz abschmecken. Die Fischpäckchen mit dem Püree anrichten. Das Püree mit dem Sesam bestreuen.

## TIPP

Achtung: Wenn man das Fischpäckchen öffnet, entweicht heißer Dampf. Kinder wissen das oft nicht: Machen Sie vor allem für die Kleinsten die Päckchen vor dem Servieren auf. Richten Sie den Fisch samt der Sauce auf dem Teller an.

# RÜBLI-GNOCCHI

400 g Möhren | 1 Zwiebel | 250 g Kirschtomaten | 50 g Parmesan | 2 EL Mandelblättchen | 2 EL Olivenöl | Salz | ½ TL Honig | 500 g frische Gnocchi (aus dem Kühlregal) | 100 g Doppelrahm-Frischkäse | Zitronensaft | Pfeffer

**Reich an Karotin**

Für 4 Portionen | 25 Min. Zubereitung
Pro Portion 410 kcal, 14 g E, 16 g F, 53 g KH

**1** Die Möhren putzen, schälen und grob raspeln. Die Zwiebel schälen und fein würfeln. Die Tomaten waschen, abtropfen lassen und halbieren. Den Parmesan fein reiben.

**2** Die Mandeln in einer großen Pfanne ohne Fett anrösten, bis sie duften. Herausnehmen und abkühlen lassen.

**3** Für die Gnocchi in einem weiten Topf reichlich Salzwasser zum Kochen bringen. Inzwischen das Öl in der Pfanne erhitzen. Die Zwiebel darin unter Wenden kurz andünsten. Die Möhrenraspel zugeben und 5–6 Minuten unter Wenden andünsten. ½ TL Salz und Honig unterrühren. Die Tomaten zugeben und 3–4 Min. unter Wenden andünsten.

**4** Gnocchi ins Wasser geben und nach Packungsanweisung garen. 100–120 ml Kochwasser abnehmen, zu den Möhren geben. Frischkäse und Parmesan zugeben und gut unterrühren, bis der Käse geschmolzen ist. Sauce mit Salz, Pfeffer und 1–2 TL Zitronensaft abschmecken.

**5** Gnocchi abgießen, abtropfen lassen und unter die Sauce mischen. Mit Mandelblättchen bestreuen und anrichten.

# FLAMMKUCHEN-SCHNECKEN

**100 g Schmand | Salz | Pfeffer | 1 Msp. gemahlener Kümmel | 1 Bund Schnittlauch | 1 Pck. Flammkuchenteig (260 g; Kühlregal) | 100 g gewürfelter Schinkenspeck | 1 Kopfsalat | 1 Zitrone | 1 TL Zucker | 4 EL Rapsöl**

**Fingerfood aus dem Ofen**

Für 4 Portionen | Zubereitung ca. 25 Min. | 18 Min. Backen
Pro Portion ca. 395 kcal, 13 g E, 23 g F, 34 g KH

1 Den Ofenrost mit Backpapier belegen. Den Backofen auf 220° vorheizen. Inzwischen den Schmand in eine Schale geben, glatt rühren und mit wenig Salz, Pfeffer und Kümmel abschmecken.

2 Den Schnittlauch waschen, trocken schütteln, mit einer Schere in den Schmand schneiden und unterrühren.

3 Den Teig samt zugehörigem Backpapier entrollen. Gleichmäßig mit dem Schmand bestreichen, dabei rundherum ca. 1 cm Rand frei lassen. Schinkenspeckwürfel darüberstreuen. Den Teig mithilfe des Papiers von einer Längsseite aus aufrollen. Mit einem langen Sägemesser in ca. 12 Scheiben schneiden (à ca. 1,5 cm breit). Schnecken auf den vorbereiteten Rost legen und mit der Hand etwas flach drücken. Im heißen Ofen 15–18 Min. backen.

4 Inzwischen den Salat putzen, waschen, abtropfen lassen und in mundgerechte Stücke zupfen. Für das Dressing die Zitrone auspressen. Den Saft mit Zucker, Salz und Pfeffer in einer Salatschüssel verrühren, Öl darunterschlagen. Salat untermischen und zu den Flammkuchen-Schnecken servieren.

# GOURMET-EXPRESS FÜR GROSS UND KLEIN

Jedes dieser Rezepte ist wie eine Expressfahrkarte zu gutem Essen und einem entspannten Feierabend. Und Sie werden gleich dreifach belohnt: Sie sind mit Vorbereiten und Kochen in gut 30 Minuten fertig, machen drei Mitesser glücklich und ernten garantiert Komplimente für Ihre Kochkünste.

# KNUSPER-CHICKEN-NUGGETS

**Der Knusperhit wird im Ofen statt in der Pfanne gebacken. Das spart Fett und macht sich fast von alleine. So bleibt Zeit für Salat und einen frischen Dip.**

**Für die Nuggets:**
500 g Hähnchenbrustfilet
100 g knusprige Frühstücksflocken (z. B. Kellogs All Bran)
40 g Parmesan
2 EL Rapsöl
4 EL Mehl
1 TL edelsüßes Paprikapulver
Salz | Pfeffer
2 Eier

**Für den Salat:**
500 g Möhren
1 EL flüssiger Honig
3 EL Zitronensaft
Salz | Pfeffer
2 EL Rapsöl

**Für den Dip:**
30 g Rucola (ersatzweise Baby-Spinat)
200 g Magerquark
1 EL grünes Pesto (Glas)
Salz

**Lieblings-Stückchen**

Für 4 Portionen |
30 Min. Zubereitung |
18 Min. Backen
Pro Portion 635 kcal,
48 g E, 27 g F, 49 g KH

1 Den Backofen auf 200° vorheizen. Das Fleisch in ca. 6 cm große Stücke schneiden. Die Frühstücksflocken und den Parmesan für die Panande portionsweise im Blitzhacker zerkleinern. In einen tiefen Teller geben und das Öl gut unterrühren. In einem anderen tiefen Teller Mehl und Paprikapulver mischen, salzen und pfeffern. Die Eier in einem dritten tiefen Teller verquirlen, salzen und pfeffern.

2 Die Fleischstücke salzen, im Paprika-Mehl wenden und etwas abklopfen. Durchs Ei ziehen und schließlich in der Panade wenden. Auf ein mit Backpapier belegtes Backblech legen und im heißen Ofen (Mitte) 15–18 Min. backen, dabei nach der Hälfte der Garzeit einmal wenden.

3 Inzwischen für den Salat die Möhren putzen, schälen und grob raspeln. Den Honig mit Zitronensaft, Salz und Pfeffer in einer Salatschüssel verrühren. Das Öl darunterschlagen. Die Möhrenraspel untermischen.

4 Für den Dip Rucola waschen, trocken schütteln und mit dem Quark und dem Pesto fein pürieren. Mit Salz abschmecken. Die fertigen Chicken Nuggets mit dem Salat und dem Dip anrichten.

## TIPP

**Das Paprikapulver in der Panade gibt den Nuggets zusätzlich Aroma. Sie können auch Currypulver oder Ras el Hanout zugeben. Ältere Kinder mögen auch süßes Chilipulver.**

# HÄHNCHEN MIT ZUCCHINI-NUDELN

**3 Hähnchenbrustfilets (ca. 500 g) | Salz | Pfeffer | 250 g Kirschtomaten | 75 g grünes Pesto (Glas) | 1 Kugel (125 g) Mozzarella | 1 Zucchini (ca. 400 g) | 250 g Bandnudeln**

**Auch fein als Gästeessen**

Für 4 Portionen | 30 Min. Zubereitung | 25 Min. Backen
Pro Portion 560 kcal, 44 g E, 20 g F, 50 g KH

**1** Den Backofen auf 200° vorheizen. Die Filets salzen, pfeffern und in eine Auflaufform legen. Tomaten waschen, trocken tupfen und zwischen den Filets verteilen. Filets mit Pesto bestreichen. Mozzarella in Scheiben schneiden und die Filets belegen. Im heißen Ofen 20–25 Min. backen.

**2** Die Nudeln nach Packungsanweisung in Salzwasser garen. Inzwischen die Zucchini waschen, putzen. Mit einem Spiralizer in spaghettiähnliche Nudeln oder mit einem Sparschäler in dünne »Tagliatelle« schneiden. 1–2 Min. bevor die Bandnudeln gar sind, die Zucchini zugeben und mitgaren. Zucchini-Bandnudeln abgießen und zum Pesto-Hähnchen servieren.

## TIPP

**Gemüse lässt sich mit den verschiedenen Schälern leicht und schnell in nudelartige Gemüse-Spirelli verwandeln. Diese neue Art, Gemüse als Nudeln zuzubereiten, schmeckt mit vielen Saucen und sieht auf dem Teller so toll aus, dass die meisten Kinder begeistert zugreifen.**

# LASAGNE-SUPPE

1 kleine Stange Lauch | 2 Möhren (ca. 200 g) | 200 g Knollensellerie | 1 EL Olivenöl | 400 g mageres Rinderhackfleisch | Salz | Pfeffer | 1 TL edelsüßes Paprikapulver | 1 TL getrockneter Oregano | 1 EL Tomatenmark | 1 Dose stückige Tomaten (400 g) | 750 ml Gemüsebrühe | 100 g Lasagnenudeln | 30 g Parmesan | 75 g Crème fraîche

**Italo-Hit zum Löffeln**

Für 4 Portionen | 30 Min. Zubereitung
Pro Portion 495 kcal, 29 g E, 28 g F, 30 g KH

1 Den Lauch putzen, waschen, der Länge nach halbieren und in feine Scheiben schneiden. Die Möhren und den Sellerie putzen, schälen und klein würfeln. Das Öl in einem großen Topf erhitzen. Das Hack darin unter Wenden krümelig anbraten. Das Gemüse zugeben und weitere 2–3 Min. braten. Mit Salz, Pfeffer, Paprika und Oregano würzen. Tomatenmark einrühren und kurz anschwitzen. Tomaten und Brühe zugießen, aufkochen und ca. 5 Min. köcheln lassen.

2 Inzwischen die Lasagneplatten in 3–4 cm große Stücke brechen. Zur Suppe geben und alles weitere ca. 10 Min. köcheln, bis die Nudeln bissfest sind. Dabei öfter umrühren.

3 Den Parmesan fein reiben, unter die Crème fraîche rühren, salzen und pfeffern. Die Suppe abschmecken und jede Portion mit einem Klacks Parmesancreme servieren. Übrige Parmesancreme extra dazu reichen.

# HERZHAFTER OFEN-PFANNKUCHEN

**Diesmal gibt es Pfannkuchen aus dem Ofen. Der schmeckt so gut wie aus der Pfanne, macht sich aber – einmal im Ofen – ganz von alleine.**

1 große Möhre (ca. 125 g)
1 kleine Stange Lauch
100 g Feta
125 g Dinkelmehl
1 TL Backpulver
Salz
5 Eier (M)
125 ml Milch
75 ml Mineralwasser mit Kohlensäure
1 EL Rapsöl
Pfeffer
250 g Kräuterquark

**Genuss von der Rolle**

Für 4 Portionen | 25 Min. Zubereitung | 18 Min. Backen
Pro Portion 390 kcal, 27 g E, 19 g F, 27 g KH

**1** Ein Backblech mit Backpapier belegen und in den Ofen schieben. Den Backofen auf 190° vorheizen. Für den Belag die Möhre putzen, schälen und grob raspeln. Lauch putzen, waschen, längs halbieren und in feine Scheiben schneiden. Feta klein würfeln.

**2** Für den Teig Mehl, Backpulver und ½ TL Salz mischen. Eier, Milch und Mineralwasser zugeben und alles zu einem glatten Teig verquirlen. Das heiße Blech aus dem Ofen nehmen, Backpapier mit dem Öl einpinseln. Den Teig daraufgießen und gleichmäßig mit Gemüse und Feta belegen (Bild 1). Mit Pfeffer bestreuen. Im heißen Ofen (Mitte) 15–18 Min. backen.

**3** Das Blech aus dem Ofen nehmen. Den Pfannkuchen mit Hilfe des Backpapiers aufrollen (Bild 2) und in schmale Stücke schneiden (Bild 3). Mit dem Quark als Dip sofort servieren.

### VARIANTE APFEL-PFANNKUCHEN AUS DEM OFEN

2 Äpfel mit Schale raspeln. Den Teig wie oben, aber mit nur 1 Prise Salz und 1 Päckchen Vanillezucker zubereiten. Aufs Blech gießen. Apfelraspel darauf verteilen. 2–3 Minuten vor Ende der Backzeit mit 2 EL Mandelblättchen bestreuen. Pfannkuchen aus dem Ofen nehmen, dünn mit Puderzucker bestäuben und aufrollen.

1

2

3

# HUMMUS-HÄHNCHEN MIT OFEN-BLUMENKOHL

1 Blumenkohl (ca. 1 kg) | 4 EL Olivenöl | Salz | Pfeffer | ½ TL Ras el Hanout (nordafrikanische Gewürzmischung, ersatzweise edelsüßes Paprikapulver) | 1 Pck. Hummus (200 g; Kühlregal) | 150 g griechischer Joghurt | 1 TL Zitronensaft | 3 Hähnchenbrustfilets (à ca. 150 g) | 4 dünne Fladenbrote (à ca. 60 g)

**Orient-Express**

Für 4 Portionen | 30 Min. Zubereitung | 25 Min. Backen
Pro Portion 660 kcal, 39 g E, 36 g F, 44 g KH

**1** Ein Backblech mit Backpapier belegen und in den Ofen schieben. Im Heißluftofen an den Ecken beschweren. Den Backofen auf 225° vorheizen. Den Blumenkohl waschen und in sehr kleine Röschen teilen. 3 EL Öl in eine Schüssel geben, mit Salz, Pfeffer und Ras el Hanout würzen. Blumenkohlröschen zugeben und gut mit dem Öl vermischen. Das Backblech aus dem Ofen nehmen und den Blumenkohl darauf gleichmäßig ausbreiten. Im heißen Ofen ca. 25 Min. garen.

**2** Für den Dip in einer Schale 80 g Hummus mit dem Joghurt glatt rühren. Mit Zitronensaft, Salz und Pfeffer erfrischend abschmecken.

**3** 1 EL Öl in einer Pfanne erhitzen. Die Filets darin pro Seite 3–4 Min. braten, salzen und pfeffern. Ca. 10 Min. vor Ende der Garzeit das Blech mit dem Blumenkohl aus dem Ofen nehmen. Die Filets auf den Gemüseröschen verteilen und mit dem restlichen Hummus bestreichen. Alles im Ofen zu Ende garen. Nach Belieben die Fladenbrote in einer Pfanne kurz rösten. Hähnchen, Blumenkohl, Dip und Fladenbrote zusammen servieren.

# RASPEL-TORTILLA

**1 Zwiebel | 250 g Kartoffeln | 200 g Knollensellerie | 2 Möhren (ca. 200 g) | 2 EL Olivenöl | Salz | Pfeffer | 6 Eier (M) | 1 TL getrockneter Thymian (ersatzweise Majoran)**

**Viva España**

Für 4 Portionen | 30 Min. Zubereitung
Pro Portion 210 kcal, 12 g E, 14 g F, 11 g KH

1 Die Zwiebel schälen und klein würfeln. Kartoffeln, Sellerie und Möhren je nach Sorte putzen, schälen und grob raspeln.

2 1 EL Öl in einer beschichteten ofenfesten Pfanne (ca. 26 cm ∅) erhitzen. Die Zwiebel darin andünsten. Raspel zugeben und ca. 2–3 Min. unter Wenden braten. 2–3 EL Wasser zugießen und zugedeckt 3–4 Min. dünsten. Mit Salz und Pfeffer würzen. Das Gemüse in eine Rührschüssel füllen und kurz abkühlen lassen. Die Pfanne mit Küchenpapier ausreiben oder waschen und trocknen.

3 Den Backofengrill auf 220° vorheizen. Die Eier verquirlen, mit Salz, Pfeffer und Thymian würzen. Die Mischung unter das Gemüse rühren. 1 EL Öl in der Pfanne erhitzen und die Tortillamasse hineingeben. Ca. 4–5 Min. bei nicht zu starker Hitze stocken lassen. Dann die Pfanne in den Ofen stellen (2. Schiene von oben) und unter dem heißen Grill 4–5 Min. garen, bis auch die Oberfläche fest gestockt ist.

4 Die fertig gebackene Tortilla aus dem Ofen nehmen, kurz abkühlen lassen. Mit einem Spatel vom Rand lösen und auf einen großen Topfdeckel oder Teller stürzen. Tortilla auf eine Platte gleiten lassen, in Viertel schneiden und servieren. Dazu schmeckt Vollkornbrot.

# HACKBÄLLCHEN MIT PARMESAN-KÜRBIS

**Der Kürbis wird noch schnell im Ofen mit Parmesan überbacken. So bekommt er eine Knusperkruste, die selbst Gemüsemuffel schwach werden lässt.**

**Für den Kürbis:**
1 Hokkaido-Kürbis (ca. 1 kg)
3 EL Olivenöl
Salz | Pfeffer
35 g Parmesan
40 g Panko (asiat. Semmelbrösel; ersatzweise Semmelbrösel)

**Für die Hackbällchen:**
30 g getrocknete Tomaten
50 g Baby-Spinat (ersatzweise Rucola)
500 g mageres Rinderhackfleisch
1 kleines Ei (S)
Salz | Pfeffer
2 EL Olivenöl

**Lieblings-Blech**

Für 4 Portionen | 35 Min. Zubereitung | 15 Min. Backen
Pro Portion 515 kcal, 34 g E, 35 g F, 15 g KH

1 Den Backofen auf 200° vorheizen. Den Kürbis waschen, halbieren und die Kerne entfernen. Das Kürbisfleisch in 3–4 mm breite Spalten schneiden und auf einem mit Backpapier belegten Backblech ausbreiten. Dabei sollten die Stücke möglichst nicht übereinander liegen. Mit 2 EL Öl beträufeln, salzen und pfeffern. Im heißen Ofen (Mitte) ca. 15 Minuten garen.

2 Inzwischen für die Hackbällchen die Tomaten in kleine Würfel schneiden. Den Spinat oder den Rucola waschen, trocken schütteln und klein hacken, dabei evtl. grobe Stiele entfernen. Das Hack mit Tomaten, Spinat bzw. Rucola, Ei, 1 TL Salz und Pfeffer verkneten. Die Masse zu ca. 16 golfballgroßen Bällchen formen. 2 EL Öl in einer beschichten Pfanne erhitzen und die Hackbällchen darin unter Wenden 10–12 Min. braten.

3 Während die Bällchen braten, für die Käsekruste den Parmesan fein reiben. Mit Panko und 1 EL Öl mischen, salzen und pfeffern. Nach ca. 15 Min. Garzeit den Kürbis aus dem Ofen nehmen und die ganze Parmesanmischung auf den Kürbisspalten verteilen. Weitere ca. 10 Min. garen, bis die Parmesankruste goldbraun und knusprig wird. Hackbällchen und Kürbis servieren. Dazu schmeckt Polenta (siehe hintere Umschlagklappe).

# SCHNITZEL-RÖLLCHEN MIT SÜSSKARTOFFELPÜREE

**Die würzige Füllung hält die schnell gewickelten Röllchen schön saftig. Das Püree dazu liefert jede Menge gesundes Carotin und bringt Farbe auf den Teller.**

**Für das Püree:**
800 g große Süßkartoffeln
80 ml Milch
1 EL Butter
1 Prise Zimt
Salz | Pfeffer
**Für die Röllchen:**
1 rote Spitzpaprika (ca. 100 g)
60 g + 2 EL Doppelrahm-Frischkäse
3 EL mildes Ajvar (Paprikapaste)
1 EL Semmelbrösel
4 große, dünne Kalbsschnitzel (à ca. 120 g)
Salz | Pfeffer
1 EL Rapsöl
**Außerdem:**
Holzspießchen

**Blitzküche vom Feinsten**

Für 4 Portionen |
30 Min. Zubereitung
Pro Portion 450 kcal,
31 g E, 15 g F, 45 g KH

1 Für das Püree die Süßkartoffeln schälen, grob in Stücke schneiden und in Salzwasser bei geschlossenem Deckel ca. 15 Minuten kochen lassen, bis sie weich sind.

2 Inzwischen für die Röllchen die Paprika putzen, waschen und sehr fein würfeln. 60 g Frischkäse, Ajvar und Semmelbrösel glatt rühren. Paprika unterheben, salzen und pfeffern. Die Schnitzel zwischen zwei Lagen Frischhaltefolie so dünn und groß wie möglich klopfen. Von beiden Seiten salzen, pfeffern und dann quer halbieren. Schnitzel mit der Füllung bestreichen, dabei rundherum etwas Rand stehen lassen, damit die Füllung nicht herausquillt. Die Schnitzel aufrollen und mit Holzspießchen feststecken.

3 Das Öl in einer beschichteten Pfanne erhitzen. Die Röllchen darin unter Wenden kräftig anbraten. Herausnehmen. 200 ml Wasser zum Bratensatz gießen, loskochen und mit 2 EL Frischkäse glatt rühren. Die Röllchen in die Sauce legen und zugedeckt ca. 5 Minuten köcheln lassen. Die Herdplatte ausschalten und die Röllchen weitere ca. 5 Minuten zugedeckt auf der ausgeschalteten Herdplatte ruhen lassen.

4 Die Süßkartoffeln abgießen. Die Milch mit der Butter erhitzen. Die Süßkartoffeln zugeben, mit Salz und Zimt würzen und pürieren. Die Sauce mit Salz und Pfeffer abschmecken. Schnitzel-Röllchen mit Püree und Sauce anrichten.

# BRÄTBÄLLCHEN-RAGOUT MIT KARTOFFELN

**Pfeffer | 750 g Kartoffeln | Salz | 2 Kohlrabi (ca. 500 g) | 250 g Champignons | 4 Lauchzwiebeln | 1 EL Rapsöl | 4 grobe Bratwürste (500 g) | 1–2 EL Mehl | 500 ml Gemüsebrühe | 100 g leichte Kochsahne (15 % Fett) | Currypulver | 1 Spritzer Zitronensaft | 2 EL gehackte TK-Petersilie**

**Mit Sauce zum Tunken**

Für 4 Portionen | 35 Min. Zubereitung
Pro Portion 535 kcal, 28 g E, 31 g F, 35 g KH

**1** Die Kartoffeln schälen, waschen, halbieren oder vierteln und in wenig Salzwasser zugedeckt ca. 20 Min. garen und warm halten.

**2** Inzwischen die Kohlrabi schälen, vierteln und in schmale Scheiben schneiden. Die Champignons putzen und vierteln. Die Lauchzwiebeln putzen, waschen und klein schneiden. Das Öl in einem Topf erhitzen. Das Brät aus den Würstchen als Bällchen direkt ins heiße Öl drücken. Unter Wenden ca. 5 Min. braten, herausnehmen.

**3** Champignons ins Bratfett geben und kräftig anbraten. Kohlrabi und den weißen Teil der Lauchzwiebeln zugeben und kurz mitbraten. Mit Mehl bestäuben, kurz anschwitzen und die Gemüsebrühe angießen. Bällchen zugeben. Mit Salz und Pfeffer würzen, aufkochen und zugedeckt ca. 10 Min. kochen lassen.

**4** Sahne unterrühren und das Ragout mit Salz, Pfeffer, Curry und Zitronensaft abschmecken. Die Petersilie unter die Kartoffeln mischen. Ragout mit Lauchzwiebelgrün bestreuen und mit den Kartoffeln anrichten.

# MILCHREIS-KIRSCH-AUFLAUF

800 ml Milch | 25 g Zucker + 1 EL Zucker | 200 g 8-Min.-Milchreis | 1 Glas Sauerkirschen (720 ml) | 1 Pck. Vanillepuddingpulver (zum Kochen, für 500 ml Flüssigkeit) | 25 g Butter | 15 g Kokoschips | 15 g Haferflocken | Fett für die Form

**Traumhaft gut**

Für 4 Portionen | 30 Min. Zubereitung | 12 Min. Backen
Pro Portion 575 kcal, 12 g E, 15 g F, 95 g KH

1 Den Backofen auf 200° vorheizen. Die Milch mit 25 g Zucker zum Kochen bringen. Den Milchreis einstreuen, einmal aufkochen und ca. 8 Min. köcheln lassen. Dabei ab und zu umrühren.

2 Inzwischen die Kirschen abgießen. Die Flüssigkeit dabei auffangen und mit Wasser auf 500 ml auffüllen. 100 ml der Flüssigkeit abnehmen und mit dem Puddingpulver glatt rühren. Die restliche Flüssigkeit einmal aufkochen. Das angerührte Puddingpulver einrühren, unter Rühren aufkochen und kurz köcheln lassen, bis die Flüssigkeit andickt. Kirschen unterheben.

3 Reis vom Herd nehmen und zudecken. Die Butter schmelzen. Kokoschips, Haferflocken und 1 EL Zucker unterrühren.

4 Eine flache Auflaufform gleichmäßig einfetten. Den Milchreis und die Kirschen abwechselnd esslöffelweise hineingeben. Die Masse mit der Knusperflockenmischung bestreuen. Im vorgeheizten Ofen (Mitte) ca. 12 Min. überbacken.

# PUTEN-MANDEL-CURRY

**Gar nicht kompliziert, dafür aber nussig und lecker, ist diese Kurzversion eines Currys ein echter Genuss, der den Alltag mit einem Hauch Exotik würzt.**

**Für den Reis:**
250 g 10-Minuten-Langkornreis
4 TL Mandelblättchen
**Für das Curry:**
1 Zwiebel
500 g Möhren
500 g Putenbrustfilet
1 EL Rapsöl
1 TL mildes Currypulver
4 EL ungesüßtes Mandelmus (ersatzweise ungesüßtes Erdnussmus)
200 g griechischer Joghurt
Salz | Pfeffer
Honig
**Außerdem:**
Koriandergrün zum Bestreuen (nach Belieben)

**So cremig**

Für 4 Portionen | 20 Min. Zubereitung
Pro Portion 615 kcal, 42 g E, 24 g F, 59 g KH

1 Den Reis nach Packungsanweisung garen. Die Mandelblättchen in einer Pfanne ohne Fett goldbraun anrösten. Dabei aufpassen, dass sie nicht anbrennen. Herausnehmen.

2 Inzwischen die Zwiebel schälen und fein würfeln. Die Möhren putzen, schälen und schräg in 2–3 mm dünne Scheiben schneiden. Das Fleisch in ca. 2 cm große Würfel schneiden.

3 Das Öl in einem weiten Topf stark erhitzen. Fleisch darin unter Wenden anbraten. Herd auf mittlere Hitze schalten, das Gemüse zugeben und kurz mitbraten. Mit Currypulver bestäuben und kurz anschwitzen. Mandelmus zugeben und 200 ml Wasser einrühren. Alles aufkochen und zugedeckt 5–6 Min. köcheln lassen. Bei Bedarf Wasser zugeben.

4 Das Curry von der Herdplatte nehmen. Den Joghurt unterrühren und kurz erwärmen, aber nicht kochen. Mit Salz, Pfeffer und 1/4 TL Honig abschmecken. Mit dem Reis und den Mandelblättchen servieren. Das Curry nach Belieben mit Koriander bestreuen.

## TIPP

**Statt dem Reis schmecken auch fertige indische Naan-Brote zu diesem schnellen Curry. Die müssen nur kurz im Toaster aufgebacken werden. Das Curry ist noch schneller fertig, wenn Sie statt frischer Möhren TK-Erbsen verwenden.**

# BACKFISCH MIT GNOCCHI-SALAT

**Clever: Statt mühselig Pellkartoffeln zu schnippeln, verwenden Sie Gnocchi. Die sind ein perfektes Kartoffel-Double und bitzschnell fertig.**

**Für den Fisch:**
2 Eigelb
100 ml Milch
60 ml Mineralwasser mit Kohlensäure
1 TL Zitronensaft
120 g Mehl
1 TL Backpulver
500 g Kabeljaufilet
Salz | Pfeffer
Öl zum Ausbacken (ca. 400 ml)

**Für den Salat:**
500 g frische Gnocchi (aus dem Kühlregal)
1 kleine Salatgurke (ca. 300 g)
1 Bund Radieschen
50 g Rucola
100 g Crème fraîche
50 g Buttermilch
1 Bund Schnittlauch

**Außen knusprig, innen saftig**

Für 4 Portionen | 30 Min. Zubereitung
Pro Portion 580 kcal, 34 g E, 17 g F, 71 g KH

**1** Die Eigelbe mit ¾ TL Salz, Milch, Mineralwasser und Zitronensaft verquirlen. Mehl und Backpulver mischen und gut unterrühren. Zum Quellen kurz stehen lassen.

**2** Inzwischen für den Salat die Gnocchi nach Packungsanweisung in Salzwasser garen. Die Gurke und die Radieschen waschen und putzen. Die Gurke längs halbieren, Kerne mit einem Löffel herausschaben und das Fruchtfleisch in dünne Scheiben schneiden. Die Radieschen in dünne Scheiben schneiden oder hobeln. Den Rucola waschen, trocken schütteln und grob hacken, dabei harte Stiele entfernen.

**3** Für das Dressing Crème fraîche mit Buttermilch glatt rühren, salzen und pfeffern. Schnittlauch waschen, trocken schütteln und in Röllchen schneiden. Gnocchi abgießen, kurz abkühlen lassen. Mit den vorbereiteten Salatzutaten unters Dressing mischen.

**4** Den Fisch in 5–6 cm große Stücke schneiden, mit Salz und Pfeffer würzen. Das Öl in einem weiten Topf oder einer tiefen Pfanne erhitzen. Sobald es heiß genug ist, die Fischstücke portionsweise durch den Teig ziehen und in 3–4 Min. goldbraun ausbacken. Dabei einmal wenden. Auf Küchenpapier abtropfen lassen und mit dem Salat servieren.

## TIPP

**Das Öl ist heiß genug zum Ausbacken, wenn Sie einen Holzlöffelstiel ins Öl tauchen und kleine Bläschen aufsteigen. Ist es zu kalt, saugt der Teig das Öl auf und wird matschig. Ist es zu heiß, verbrennt der Teig, ehe der Fisch gar ist.**

# REGISTER

Damit Sie Rezepte mit bestimmten Zutaten noch schneller finden, sind in diesem Register auch beliebte Zutaten wie **Fisch** oder **Spinat** alphabetisch eingeordnet und hervorgehoben. Darunter finden Sie das Rezept Ihrer Wahl. Vegetarische Rezepte, die im Buch mit einem 🍃 gekennzeichnet sind, sind hier grün abgesetzt.

**Projektleitung:** Monika Greiner
**Lektorat:** Verena Zemme
**Korrektorat:** Waltraud Schmidt
**Innen- und Umschlaggestaltung:** independent Medien-Design, Horst Moser, München
**Illustrationen:** Maria Baus
**Herstellung:** Renate Hutt
**Satz:** Kösel, Krugzell
**Reproduktion:** medienprinzen GMBH, München
**Druck und Bindung:** Firmengruppe APPL. aprinta druck, Wemding
**Syndication:** www.seasons.agency
Printed in Germany

2. Auflage 2017
ISBN 978-3-8338-5885-7

www.facebook.com/gu.verlag

GRÄFE UND UNZER

Ein Unternehmen der
GANSKE VERLAGSGRUPPE

## Die Autorin

**Inga Pfannebecker** ist freie Journalistin und Buchautorin. Ihre Leidenschaft für gutes Essen setzt sie am liebsten in Rezepten um, in denen sich guter Geschmack und gesunde Ernährung perfekt ergänzen. Den Familientisch, der momentan in Amsterdam steht, teilt sie mit Mann und ihrer kleinen Tochter Pina.

## Die Fotografin

**Jana Liebenstein** lebt und arbeitet in Melbourne. Ihr Schwerpunkt liegt im Bereich Food, aber auch für People und Travel hat sie ein geschultes Auge. Ein großes Dankeschön geht an **Suzanne Tipton** und an **Lisa La Barbera** (Foodstyling).

## Bildnachweis

Autorenfoto: Maud Fontein, Amsterdam; Titelfoto: Wolfgang Schardt, Hamburg; alle anderen Fotos: Jana Liebenstein, Melbourne (Australien)

## Titelrezept

Knusper-Chicken-Nuggets (S. 42)

**Umwelthinweis:**
Dieses Buch ist auf PEFC-zertifiziertem Papier aus nachhaltiger Waldwirtschaft gedruckt.

QUALITÄTS GU GARANTIE

## Liebe Leserin, lieber Leser,

haben wir Ihre Erwartungen erfüllt? Sind Sie mit diesem Buch zufrieden? Haben Sie weitere Fragen zu diesem Thema? Wir freuen uns auf Ihre Rückmeldung, auf Lob, Kritik und Anregungen, damit wir für Sie immer besser werden können.

**GRÄFE UND UNZER Verlag**
Leserservice
Postfach 86 03 13
81630 München
E-Mail:
leserservice@graefe-und-unzer.de

Telefon: 00800 / 72 37 33 33*
Telefax: 00800 / 50 12 05 44*
Mo–Do: 9.00 – 17.00 Uhr
Fr: 9.00 – 16.00 Uhr
*(* gebührenfrei in D, A, CH)*

Ihr GRÄFE UND UNZER Verlag
*Der erste Ratgeberverlag – seit 1722.*

**Backofenhinweis:**
Die Backzeiten können je nach Herd variieren. Die Temperaturangaben in unseren Rezepten beziehen sich auf das Backen im Elektroherd mit Ober- und Unterhitze und können bei Gasherden oder Backen mit Umluft abweichen. Details entnehmen Sie bitte Ihrer Gebrauchsanweisung.

# SCHNELL NOCH EIN DESSERT?

**Dafür ist (fast) immer Zeit! Diese drei Süßen stehen in weniger als 15 Minuten auf dem Tisch und tun mit viel Frucht und anderen gesunden Zutaten auch noch gut.**

## BANANA-SCHOKO-PUDDING

**Für 4 Portionen:** 3 reife Bananen schälen und in große Stücke schneiden. In einen hohen Rührbecher oder Mixer geben. 3 EL Kakaopulver und 3 TL ungesüßtes Erdnussmus zugeben und alles cremig pürieren. Vor dem Servieren nach Belieben noch ca. 15 Min. im Kühlschrank kalt stellen. Zum Verzieren 2 EL Erdnusskerne in einer Pfanne ohne Fett rösten; dabei aufpassen, dass sie nicht verbrennen. Die Ernüsse grob hacken und auf den Pudding streuen. Für eine Luxus-Variante den Pudding mit einem Sahnehäubchen krönen und dieses zusätzlich zu den gerösteten Erdnüssen auch noch mit Schokoröllchen bestreuen.

## BEEREN-TRIFLE

**Für 4 Portionen:** 150 g Haferkekse mit Schokolade in einen Gefrierbeutel geben und mit dem Teigroller zerkleinern. In eine Schüssel geben oder auf 4 Dessertgläser verteilen. 400 g TK-Beerenmischung auftauen und darübergeben. 1 Becher Vanillepudding (500 g; Kühlregal) mit 250 g Speisequark (20 % Fett i.Tr.) verrühren. Vanillecreme über die Beeren gießen. 2 TL Schokoladenraspel aufs Dessert geben. Ein Trifle ist eine wunderbare Resteverwertung. Variieren Sie die Zutaten also je nach Vorrat und nehmen Sie andere Kekse oder Obst nach Geschmack, Saison und Vorrat, z. B. übrige Bananen, Äpfel, Pflaumen oder Orangen.

## FROZEN MANGO-JOGHURT

**Für 4 Portionen:** 250 g TK-Mangostücke in einen hohen Rührbecher oder in den Mixer geben. 200 g griechischen Joghurt, 2–3 TL Honig und nach Belieben noch 2–3 Msp. gemahlenen Kardamom zugeben und alles so lange pürieren, bis ein cremiges und softes Eis entstanden ist. Das Eis auf 4 Dessertgläser oder in Schüsseln anrichten. Ganz fein: 2 TL Pistazienkerne in einer Pfanne ohne Öl kurz anrösten, grob hacken und darüberstreuen. Übrigen Frozen Joghurt können Sie in einer gut schließenden Plastikdose tiefkühlen. Vor dem Servieren ca. 5 Min. antauen lassen und kurz durchrühren, damit der Joghurt schön cremig wird.